THIS BOOK BELONGS TO

____

____

____

____

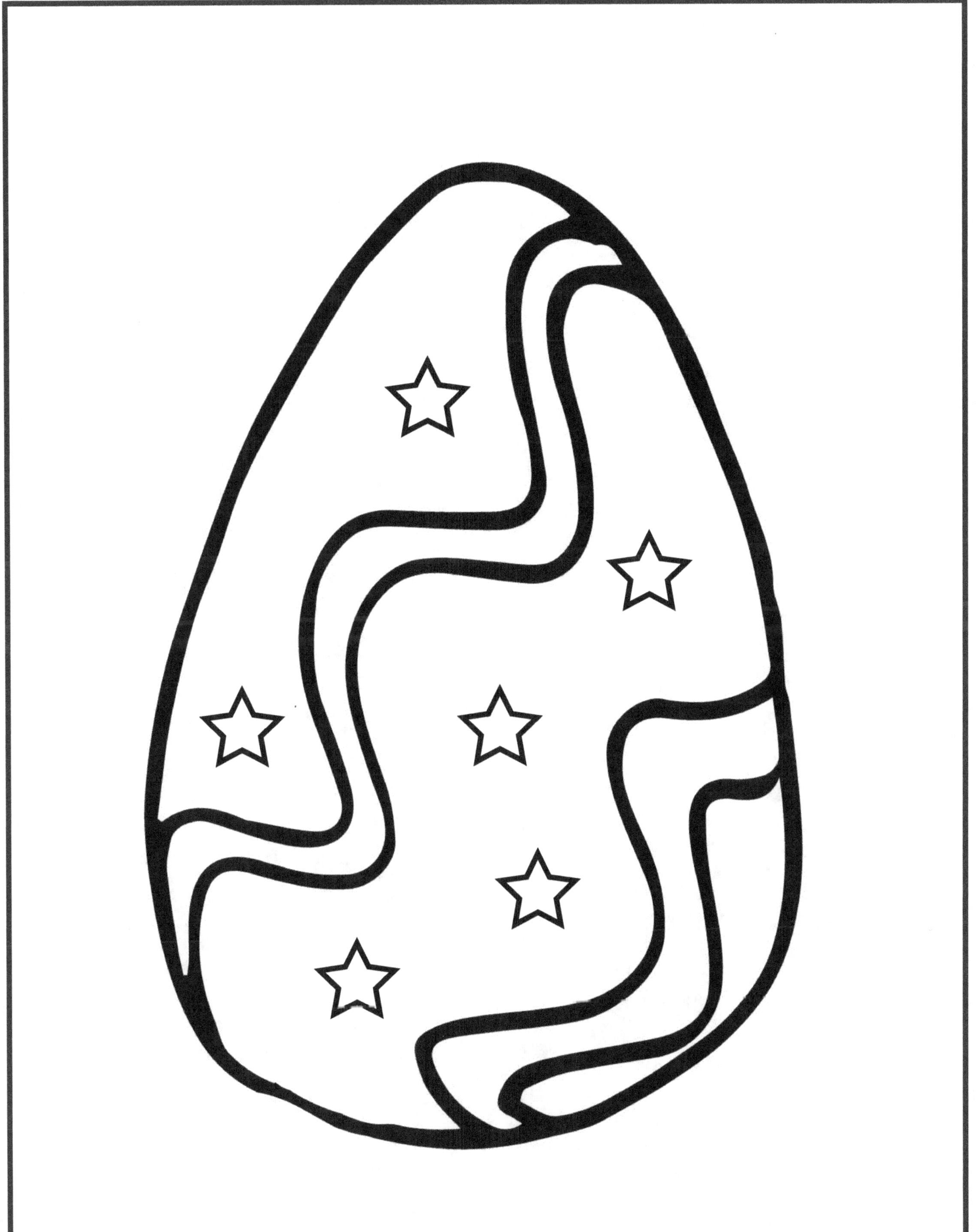

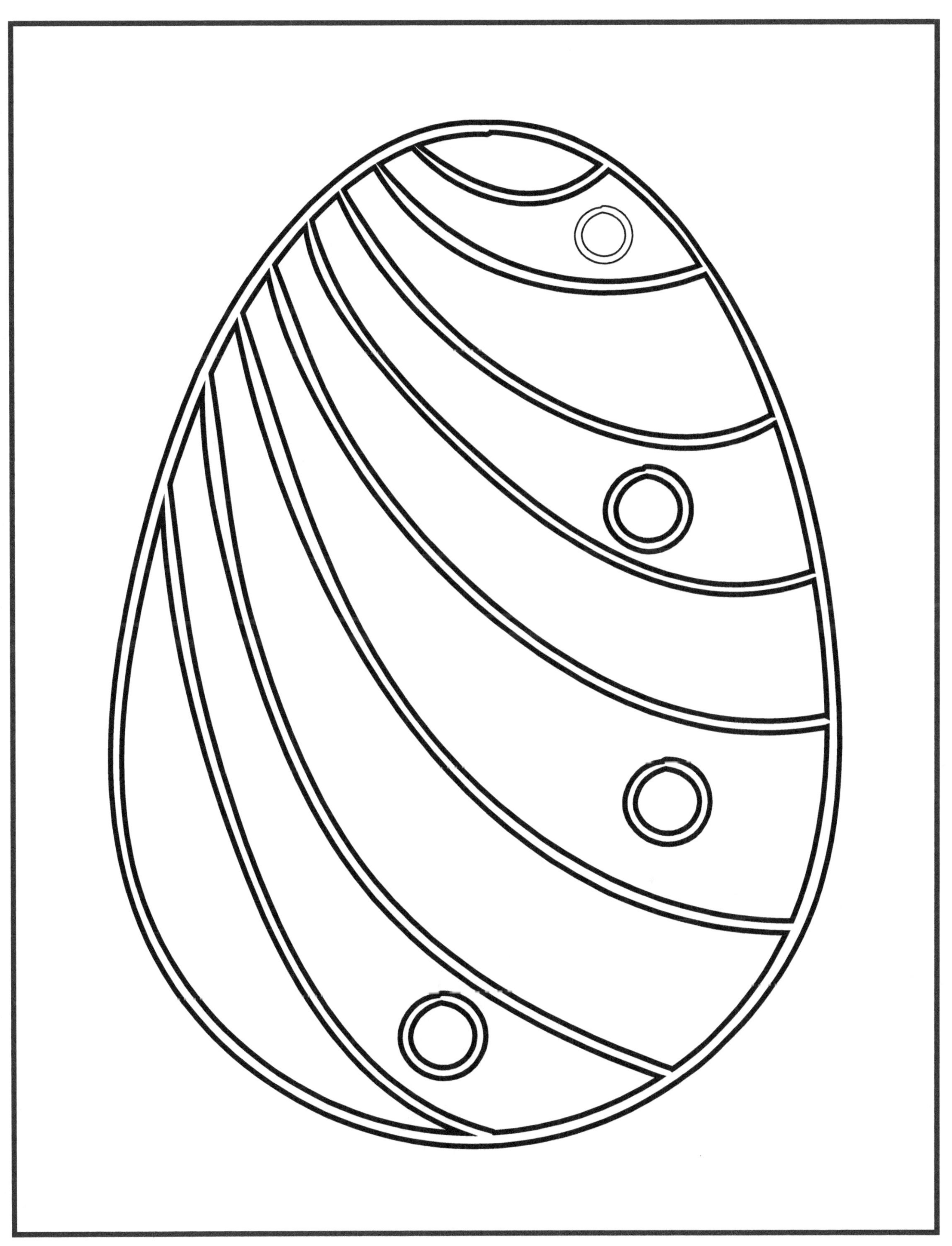

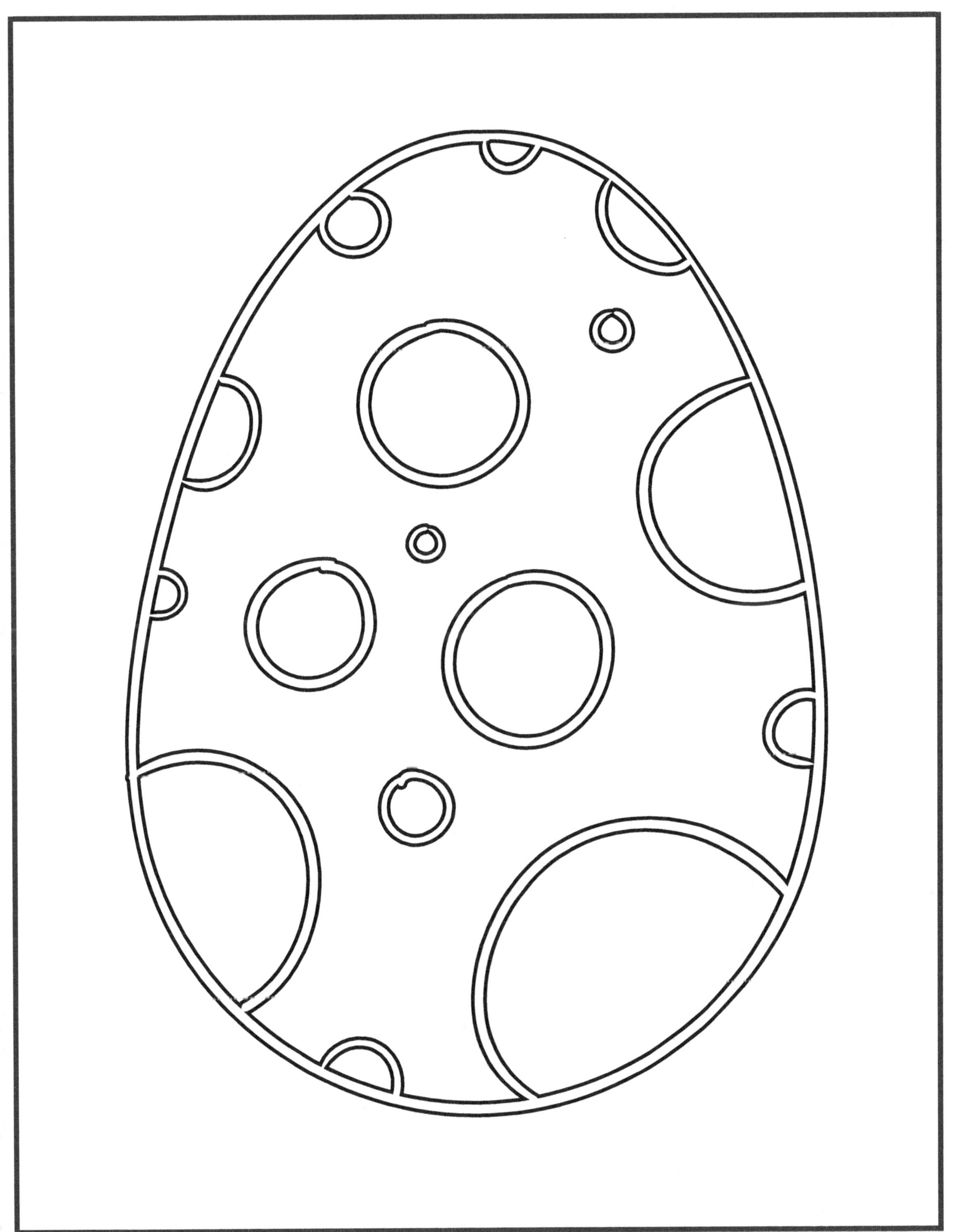

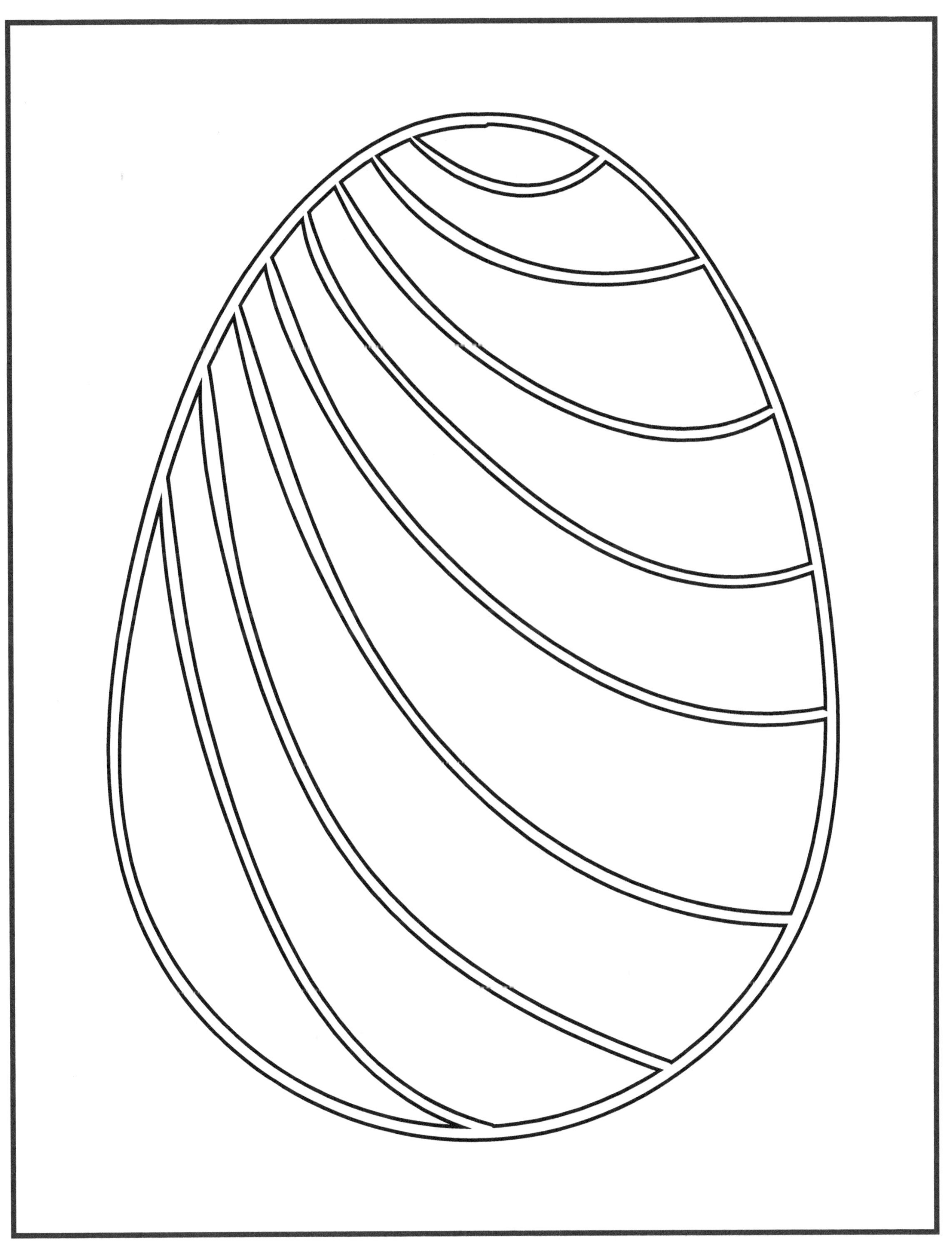

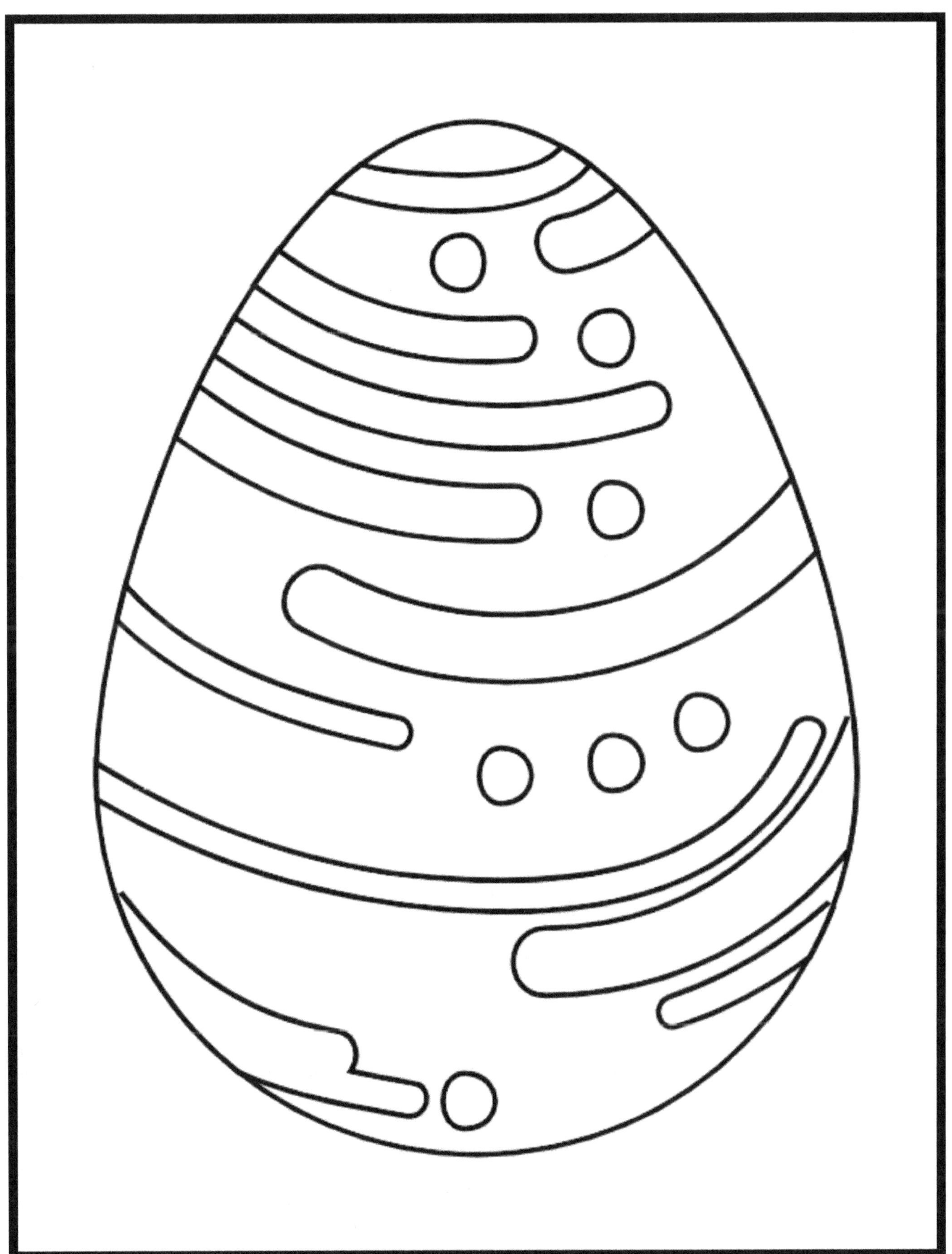

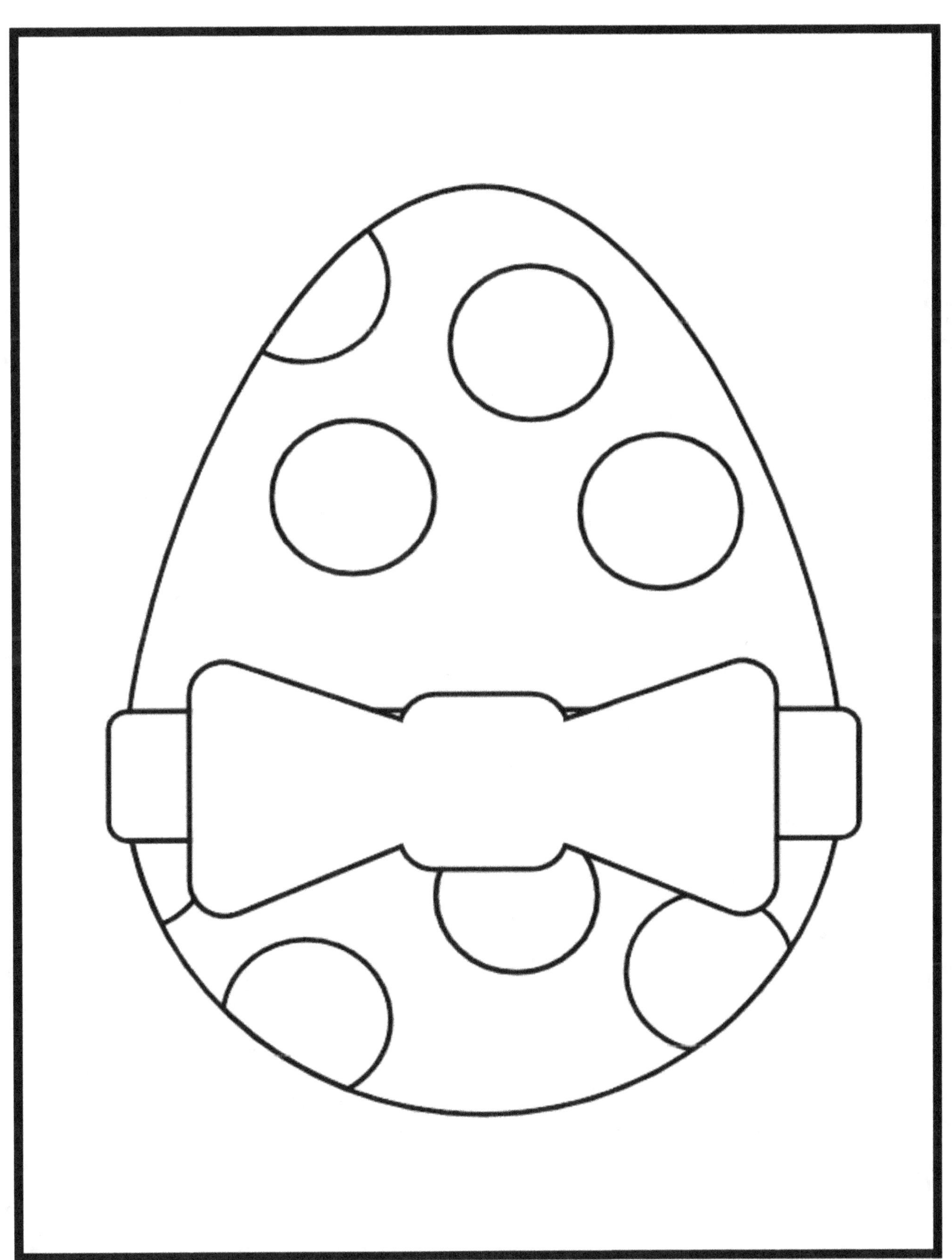

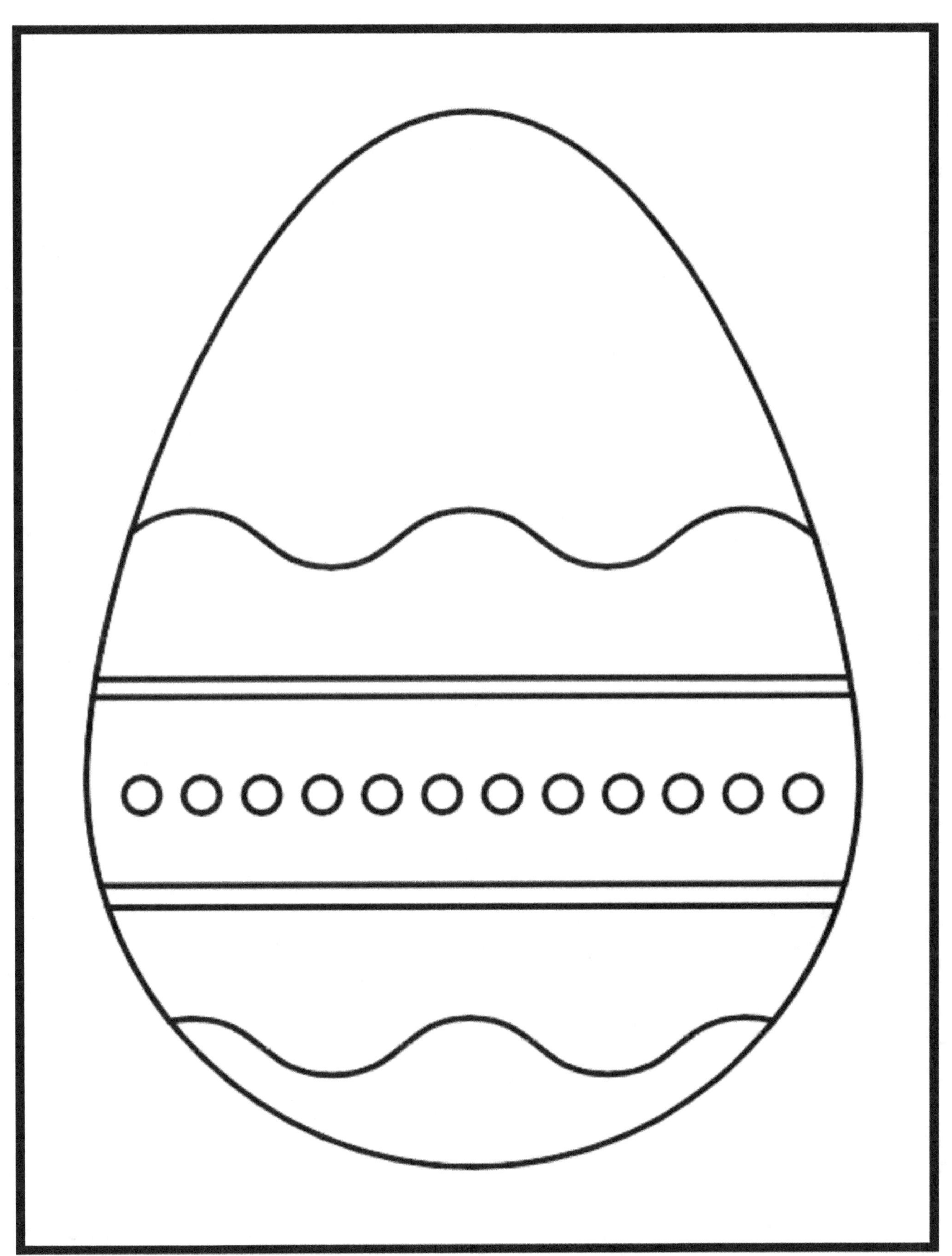

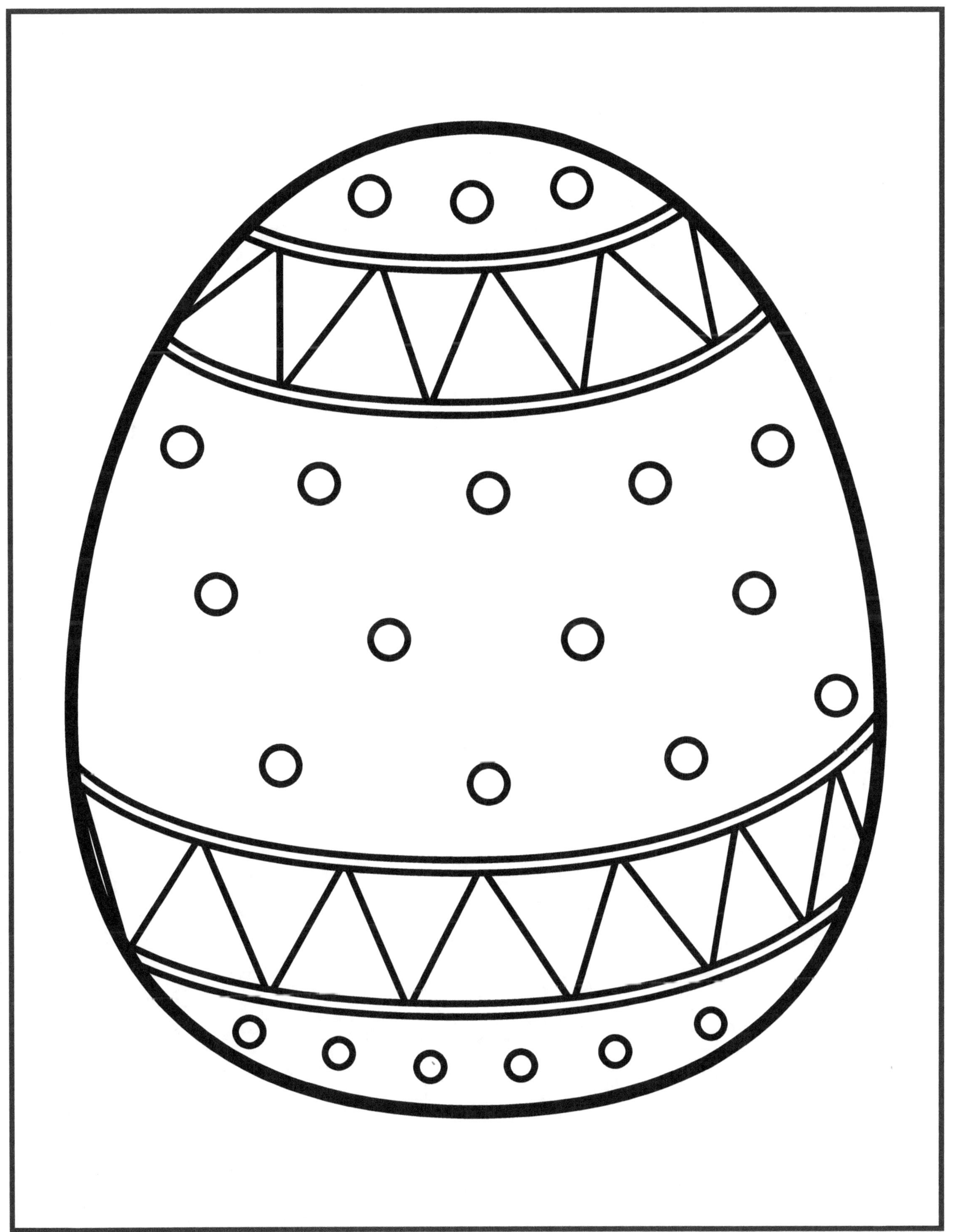

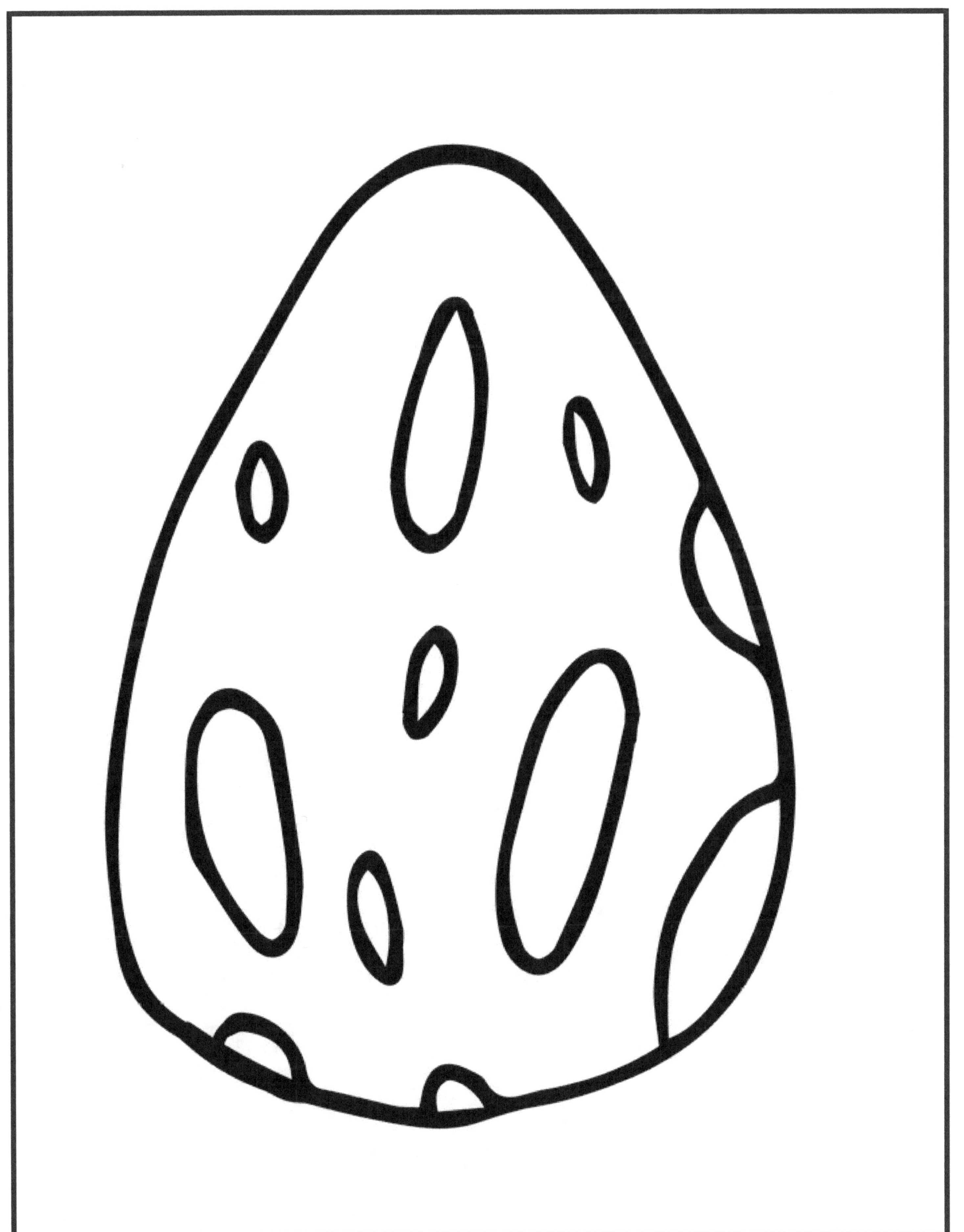